BEI GRIN MACHT SICH IHR WISSEN BEZAHLT

- Wir veröffentlichen Ihre Hausarbeit,
  Bachelor- und Masterarbeit

- Ihr eigenes eBook und Buch -
  weltweit in allen wichtigen Shops

- Verdienen Sie an jedem Verkauf

Jetzt bei www.GRIN.com hochladen und kostenlos publizieren

Bibliografische Information der Deutschen Nationalbibliothek:

Die Deutsche Bibliothek verzeichnet diese Publikation in der Deutschen National-
bibliografie; detaillierte bibliografische Daten sind im Internet über http://dnb.d-
nb.de/ abrufbar.

Impressum:

Copyright © 2012 GRIN Verlag
Druck und Bindung: Books on Demand GmbH, Norderstedt Germany
ISBN: 9783668310063

Maximilian Issels

Aus der Reihe: e-fellows.net stipendiaten-wissen

e-fellows.net (Hrsg.)

Band 2143

Die Verjährung im Strafrecht und die Verjährungsdebatte

GRIN Verlag

GRIN - Your knowledge has value

Der GRIN Verlag publiziert seit 1998 wissenschaftliche Arbeiten von Studenten, Hochschullehrern und anderen Akademikern als eBook und gedrucktes Buch. Die Verlagswebsite www.grin.com ist die ideale Plattform zur Veröffentlichung von Hausarbeiten, Abschlussarbeiten, wissenschaftlichen Aufsätzen, Dissertationen und Fachbüchern.

Besuchen Sie uns im Internet:

http://www.grin.com/

http://www.facebook.com/grincom

http://www.twitter.com/grin_com

-Gliederung-

A. Einleitung

„Die Koffer können Sie wieder auspacken, Bormann, aus unserer Heimreise wird nichts!" Das ist der Titel einer Karikatur[1] von Horst Haitzinger aus dem Jahre 1965. Zu sehen sind zwei Männer mit Sombreros auf Liegestühlen, umgeben von Palmen, einer Ananas und einem das südländische Idyll abrundenden bunten Papagei. Der Mann im Vordergrund trägt eine Hakenkreuzbinde und obwohl sein Gesicht nicht zu sehen ist, kann man anhand seines Äußeren schon ahnen, um welche Person es sich handeln soll. Adolf Hitler liest Zeitung. Auf der Titelseite prangen die Worte: „Keine Verjährung für NS-Verbrechen." Dies veranlasst ihn zu der eingangs erwähnten Aussage, welche an den Mann auf der anderen Liege, offenbar Martin Bormann, während der NS-Zeit einer seiner engen Vertrauten, gerichtet ist.

Eine komische Szene, wie die ehemalige Reichsprominenz ihre Rückreisepläne in die Heimat schweren Herzens aufgeben muss. Überzeichnend und natürlich karikierend, aber dennoch vor dem Hintergrund der Verjährungsfrist für Morde während der Herrschaft des Dritten Reiches, die am 8. Mai 1965 abzulaufen drohte, dennoch der Realität nicht fern. Denn dadurch könnten solche Verbrecher ohne die Befürchtung, strafrechtlich verfolgt zu werden, nach Deutschland zurückkehren.

Doch nicht nur bei NS-Verbrechen, sondern auch bei Sexualstraftaten gegenüber Minderjährigen und Diebstählen wertvoller Gemälde (Gurlitt-Kunstfund) bewirken die §§ 78 ff. StGB, dass die Täter irgendwann einmal nicht mehr strafrechtlich verfolgt werden können.

In Anbetracht solcher Fälle drängen sich dem Leser vielleicht die eine oder andere Frage auf: Warum gibt es überhaupt eine Verjährung? Was genau ist die Verjährung eigentlich rechtlich gesehen? Sind Taten, je länger sie zurückliegen etwa weniger strafwürdig? Und was hat die Bundesrepublik im Jahre 1965 unternommen?

---

[1] Die Karikatur ist zu sehen auf der Homepage des Haus der Geschichte: http://www.hdg.de/lemo/kapitel/geteiltes-deutschland-modernisierung/bundesrepublik-im-wandel/auschwitz-prozess-und-verjaehrungsdebatte.html.

2

Die Zeit spielt offensichtlich eine wichtige Rolle. Die Verjährung versinnbildlicht die Auswirkungen der Zeit im Recht – und wie sich das Recht in der Zeit wandelt.

In meiner Arbeit möchte ich versuchen, dem Leser Antworten auf die oben genannten Fragen zu geben, ihm das Institut der Verjährung wissenschaftlich darzulegen und auch insbesondere auf die historische Diskussion der sog. „Verjährungsdebatte" einzugehen, auf welche die Karikatur von Horst Haitzinger Bezug genommen hat.

B. Die Verjährung von Straftaten

1. Grundlagen

Dem Staat obliegt nach dem sog. Legalitätsprinzip die Pflicht, Straftaten aufzudecken und zu bestrafen. Nach einer bestimmten Frist „verjähren" die Straftaten jedoch, d.h. der Staat verzichtet nach dieser Zeit, die Straftat zu verfolgen bzw. zu bestrafen. Die Verjährung einer Straftat ist heute in den §§ 78 ff. StGB geregelt, also dem materiellen Strafrecht. Das Gesetz unterscheidet zwischen der sog. „Verfolgungsverjährung" (§§ 78-78c StGB) und der sog. „Vollstreckungsverjährung" (§§ 79-79b StGB)[2].

Die Verfolgungsverjährung bewirkt, dass eine Straftat nach einer gesetzlich bestimmten Frist nicht mehr verfolgt werden darf.

Die Vollstreckungsverjährung dagegen verhindert die Vollstreckung der Strafe oder der Maßnahme, setzt also eine rechtskräftige Verurteilung voraus.

In der Wissenschaft stand die Verfolgungsverjährung stets im Fokus. Einerseits, weil sich durch sie die Existenz der Verjährung durch mehr Gesichtspunkte anschaulich begründen lassen kann, ihr andererseits in der Praxis eine größere Bedeutung zukommt[3]. Auch im Rahmen der Verjährungsdebatte spielte sie die entscheidende Rolle.

Im Folgenden möchte ich in Kürze die geschichtlichen Wurzeln und die historische Entwicklung des Institutes der Verjährung vorstellen und danach auf die verschiedenen Ansätze eingehen, die heute zur Legitimation der Verjährung herangezogen werden.

---

[2] Vorb. §§ 78 ff., Rn. 1, Stree/Sternberg-Lienen in Schönke/Schröder, StGB
[3] S. 24, Sambale, Anica, Die Verjährungsdiskussion im Deutschen Bundestag

2. Geschichtlicher Ursprung der Verjährung

Zum ersten Mal wird das Rechtsinstitut der Verjährung im römischen Recht erwähnt[4]. Da im römischen Recht keine scharfe Trennung zwischen Zivil- und Strafrecht erfolgte und das zivilrechtliche Denken das Rechtssystem dominierte, ist anzunehmen, dass die Verjährung dem Zivilrecht entsprang. Aus der Strafe entstand eine (zivilrechtlich anmutende) „Verbindlichkeit" zur Bestrafung („obligatio ex delicto"), welche nach Ablauf einer Frist aber erlosch. Dadurch wurde die „Straffähigkeit" („facultas puniendi") aufgehoben, was somit Straffreiheit des Täters zur Folge hatte[5]. Damals gab es auch schon die Verjährung des Klagerechts. Während der römischen Kaiserzeit mussten alle öffentlichen Delikte innerhalb von 20 Jahren angeklagt werden, ansonsten konnten sie nicht mehr bestraft werden[6]. Ausgenommen davon war aber zum Beispiel der Verwandtenmord.

Im germanischen Recht gab es ebenfalls ein der Verjährung vergleichbares Institut. Die private Racheausübung musste zeitlich unmittelbar auf die Tat folgen, ansonsten „verjährte" das private Racheausübungsrecht nach Ablauf einer bestimmten Zeit[7]. Nach und nach übernahm der Staat jedoch immer mehr selbst die Aufgabe, Verbrechen zu verfolgen und veranschlagte gerichtlich eine materielle Versöhnungsleistung zwischen den Beteiligten. Die Möglichkeit einer Blutfehde wurde nur noch auf wenige Delikte beschränkt. Immer mehr Strafansprüche mussten nun durch Klage vor Gerichte geltend gemacht werden.

In der fränkischen Zeit waren diese Klagen je nach Art des Deliktes und Stammesgebiet an verschiedene Fristen gebunden[8].

Im Mittelalter galten im allgemeinen kurze Verjährungsfristen, da durch die unmittelbare Kenntnis des Betroffenen kein großer Zeitaufwand mit der Ermittlung verbunden war. Langsam jedoch vollzog sich die Trennung des Strafrechts und des Zivilrechts, da nunmehr nicht mehr der Kompensationsgedanke, einen Eingriff in das Recht eines anderen

---

[4] S. 13, Lorenz, Max, Die Verjährung im Strafrechte
[5] S. 16, Sambale, Anica, Die Verjährungsdiskussion im Deutschen Bundestag
[6] S. 13, Lorenz, Max, Die Verjährung im Strafrechte
[7] S: 16, Sambale, Anica, Die Verjährungsdiskussion im Deutschen Bundestag
[8] S. 14, Lorenz, Max, Die Verjährung im Strafrechte

wiedergutzumachen, im Mittelpunkt stand, sondern vielmehr durch die Tat ein öffentlicher Friedbruch begangen wurde, der durch den Staat mit Freiheits- und Lebensstrafen der Ahndung bedarf.

Zur Zeit der Inquisition wurden neben der Aufgabe der Verurteilung und Bestrafung schließlich auch die Ermittlung in die Hände des Staates gelegt[9]. Dadurch waren die meisten Verjährungsfristen nun zu kurz, was zur Folge hatte, dass im Zuge der Rezeption des römischen Rechts die längeren Verjährungsfristen wieder eingeführt wurden.

In der Epoche der Aufklärung sah man in dem Staat eine durch einen Gesellschaftsvertrag begründete Instanz und auch das Strafrecht sollte auf Vernunftgesichtspunkte gestellt werden. Nach dieser Auffassung wurde in der Strafe ein öffentlicher Nutzen gesehen, woraus eine Bestrafungspflicht des Staates hergeleitet wurde. Darum wurde die Verjährung in dieser Zeit eher abgelehnt. Sie stand im Widerspruch mit der Bestrafungspflicht des Staates, da sie schließlich Straffreiheit bewirkte. So wurde die Verjährung aus dem Österreichischen Strafgesetzbuch von 1787 gestrichen. Das preußische Landrecht 1794 und das bayerische Strafgesetzbuch von 1813 dagegen behielten die Verjährung bei, knüpften an sie aber, dass der Täter eine gute Führung in der Zwischenzeit nachweisen konnte[10].

Viele Gesetzestexte sahen die Verjährung zwar vor, jedoch wurde eine einheitliche Regelung erst mit dem Strafgesetzbuch des Deutschen Reiches von 1870 getroffen. Sie unterschied zwischen der Verfolgungs- und Vollstreckungsverjährung und war einzig an den Zeitablauf gebunden. Die Fristen wurden je nach Schwere des Deliktes unterteilt.

Die Verjährung wurde sowohl in der Weimarer Reichsverfassung, als auch zur Zeit des Nationalsozialismus beibehalten und wurde am 01.01.1975 reformiert.

3. Legitimation der Verjährung

Die Begründung des staatlichen Strafverzichts nach Ablauf der Verjährungsfrist wird in der Literatur durch verschiedene Ansichten versucht. Diese lassen sich jedoch größtenteils in zwei größere

---

[9] S. 14 f. , Lorenz, Max, Die Verjährung im Strafrechte
[10] S. 15, Lorenz, Max, Die Verjährung im Strafrechte

Argumentationslager einordnen [11] . Der eher verfahrensrechtliche Standpunkt begründet die Verjährung mithilfe des Beweisschwundes, einer erhöhten Fehlurteilsgefahr und der Rechtsökonomie, wohingegen der zweite Standpunkt materiell-rechtlicher Natur ist. Eine Bestrafung des Täters sei nach einer gewissen Zeitspanne nicht mehr angebracht und notwendig[12].

Ausgeschlossen von der Verjährung sind jedoch der Mord gemäß § 78 II StGB und Verbrechen nach dem Völkerstrafgesetzbuch (so z.b. der Völkermord).

a) Verfahrensrechtliche Begründung

Die verfahrensrechtliche Legitimation begründet die Verjährung unter Anderem durch einen zeitbedingten Schwund der Beweismöglichkeiten[13]. So würde der zeitlich bedingte Verlust und die Entwertung von Beweismitteln die Strafverfolgung sehr erschweren beziehungsweise unmöglich machen[14]. Einige Beweismittel würden nach einer gewissen Zeit unbrauchbar, wie es etwa bei Urkunden durch Verschleiß oder Erinnerungslücken bei Zeugenaussagen nach vielen Jahren der Fall sei. Dies würde letztlich ein erhöhtes Risiko für ein Fehlurteil zur Folge haben[15].

Um diesen Umstand Rechnung zu tragen, soll nach einer bestimmten Zeit generell auf eine Verfolgung verzichtet werden.

Dagegen lässt sich allerdings einwenden, dass sich bestimmte Beweismöglichkeiten gerade erst viele Jahre nach einer Straftat durch den technischen Fortschritt eröffnen könnten, etwa durch die Entwicklung neuer DNA-Tests oder Ähnlichem. Auch kann eine solche Begründung sowohl die Unverjährbarkeit von Mord, wie auch die Abstufung der Verjährungsfristen nach der Schwere der Strafe nicht erklären[16]. Denn ein Zusammenhang zwischen Beweisschwund und der Schwere der Tat ist

---

[11] S. 181, Bloy, Rene, Die dogmatische Bedeutung der Strafaufhebungs- und Strafausschließungsgründe
[12] § 78, Rn. 1, Lackner/Kühl, StGB
[13] § 78, Rn. 2, Mitsch in MüKo StGB §§ 52-79b
[14] Vorb. §§ 78ff., Rn. 3, Stree/Sternberg-Lienen in Schönke/Schröder, StGB
[15] Vgl. S. 128, Jacobsen-Raetsch, Merle, Wiederaufnahme und Verjährung
[16] S. 183, Bloy, Rene, Die dogmatische Bedeutung der Strafaufhebungs- und Strafausschließungsgründe

nicht vorhanden. Einer im Einzelfall tatsächlich erhöhten Beweisschwundgefahr kann darüber hinaus durch einen Freispruch unter Anwendung des „*in dubio pro reo*"-Grundsatzes begegnet werden[17], sollten die Beweise nicht hinreichend Indiz für eine Verurteilung liefern können.

Bei der erhöhten Fehlurteilsgefahr, die aus einem steigenden Risiko bei der Rekonstruktion des Tatherganges resultiert, kann eine allgemeine Straffreiheit aber sinnvoll sein.

Da bei solchen Fehlurteilen sicherlich keine Absicht des Richters vorliegt, sondern diese vielmehr auf unerkannten oder sehr schwer erkennbaren Fehlbeurteilungen beruhen, kann diesem Problem nicht durch eine Anwendung des „*in dubio pro reo*"-Grundsatzes begegnet werden[18].

In diesen Fällen macht eine pauschale Verfolgungsaufgabe daher Sinn. Jedoch kann durch dieses Argument alleine die Verjährung nicht haltlos begründet werden[19].

Auch unter dem Aspekt der Prozessökonomie könnte die zeitliche Begrenzung der Verjährung sinnvoll sein. Die Zeitspanne zwischen der Begehung der Straftat und dem Ende der Verjährungsfrist kann als „Bearbeitungszeit", die den Strafbehörden zur Verfügung steht, um die Straftat aufzudecken, verstanden werden. Eine darüber hinausgehende Bearbeitung würde auf lange Sicht darauf hinauslaufen, dass jede Straftat, egal wie lange sie nun zurückliegt, bis zu ihrer vollständigen Aufklärung bearbeitet werden könnte. Eine Lähmung des Justizapparates wäre aufgrund der anfallenden Arbeit die Folge[20], jüngere Straftaten würden gegebenenfalls erst hinten angestellt. Unter dem Gesichtspunkt der Prozessökonomie ließe sich auch eine Unterscheidung nach der Schwere der Tat erklären. Denn je schwerer die begangene Straftat ist, desto mehr Bearbeitungszeit steht den Behörden dann auch zur Verfügung.

Letztlich könnte die Verjährung auch eine Disziplinierungsfunktion inne haben, da zur Abwendung einer drohenden Verjährung Polizei,

---

[17] S. 183, ebenda
[18] S. 129, Jacobsen-Raetsch, Merle, Wiederaufnahme und Verjährung
[19] S. 184, Bloy, Rene, Die dogmatische Bedeutung der Strafaufhebungs- und Strafausschließungsgründe
[20] S. 130, Jacobsen-Raetsch, Merle, Wiederaufnahme und Verjährung

Staatsanwaltschaften und Gerichte zu einer zügigen, effizienten und ökonomischen Verfahrenspraxis angehalten werden[21].

b)   Materiell-rechtliche Legitimation

Es gibt aber auch verschiedene Ansätze, die Verjährung durch eine materiell-rechtliche Argumentation zu begründen, indem man annimmt, eine Bestrafung des Täters sei nach einer bestimmten Zeit nicht mehr notwendig.

Dabei spielen vor allem die sog. „Strafrechtstheorien" eine Rolle, also Theorien über den Zweck der Strafe. Diese lassen sich in drei Gruppen unterscheiden: die absoluten und die relativen Strafrechtstheorien und die Vereinigungstheorien[22]. Die absolute Theorien, welche die Strafe als bloße Vergeltung der begangenen Straftat verstehen, sind heute nicht mehr relevant.

Die relativen Theorien dagegen versuchen in der Strafe vielmehr den Zweck und das Ziel zu sehen, dass keine Verbrechen mehr begangen werden. Diese lassen sich wiederum in generalpräventive und spezialpräventive Strafzwecktheorien unterteilen. Generalpräventiv sind die Strafen demnach deshalb, weil andere potentielle Täter durch die Bestrafung eines Täters von der Verübung der Straftat abgeschreckt würden. Spezialpräventiv sind die Strafen deswegen, weil sie zum Ziel haben, den Täter durch die Strafe zu erziehen, sodass er keine weiteren Straftaten mehr begeht, ihn aber auch wieder in die Gesellschaft einzugliedern und zu resozialisieren. Ist dies aber unmöglich, bewahrt die Vollstreckung der Strafe die Gesellschaft vor dem Täter[23].

Wie kann nun anhand dieser Theorie(n) die Verjährung begründet werden?

Unter dem Standpunkt der Generalprävention ließe sich anführen, dass eine Abschreckung der Masse durch Bestrafung des Täters nach einer gewissen Zeit nicht mehr sinnvoll sei. Die Erinnerung der Gesellschaft an die Tat schwinde und eine späte Bestrafung nach vielen Jahren sei der

---

[21] § 78, Rn. 4, Mitsch in MüKo, StGB §§ 52-79b
[22]Vgl. auch zu den Defininitionen: S. 22, Lorenz, Max, Die Verjährung im Strafrechte
[23] S. 24 f., Lorenz, Max, Die Verjährung im Strafrechte; S.131, Jacobsen-Raetsch, Merle, Wiederaufnahme und Verjährung

Abschreckung nicht mehr dienlich[24]. Der Sinn der Strafe entfiele somit. Doch das Vergessen alleine kann nicht Grund sein. Denn einige Straftaten sind trotz zahlreicher verstrichener Jahre immer noch in den „Köpfen" der Gesellschaft geblieben, etwa die Entführung des Lindbergh-Babys im Jahr 1932, oder die Ermordung Kennedys im Jahr 1963.

Es wird aber dann von Teilen der Literatur argumentiert, dass sich diese Taten nunmehr in Geschichte umgewandelt hätten, die Gesellschaft wolle eine Bestrafung dieser Ereignisse nicht mehr[25]. Das könne nicht nur auf diese bekannten politischen Fälle angewendet werden, sondern allgemein auf alle Delikte. Das vergangene Ereignis hätte keine Auswirkungen auf das aktuelle soziale Leben, sei somit sprichwörtlich „Geschichte" geworden. Auch wenn beispielsweise ein Mord zwar immer noch Auswirkungen auf das aktuelle Leben und das soziale Umfeld des Opfers haben wird, sei eine Bestrafung nicht mehr notwendig, da die Gesellschaft mit der Tat abgeschlossen hätte. Nicht mehr der Prozess der Vergeltung, sondern der Überwindung sei dann von größerer Wichtigkeit.

Diesem Zweck steht entgegen, dass die Verjährung grundsätzlich im Widerspruch mit dem Zwecke der Abschreckung der Gesellschaft steht. Schließlich verspricht sie nach einer gewissen Zeit Straffreiheit[26]. Durch das Absehen von einer Bestrafung fehlt die Abschreckungsfunktion völlig. Straftäter könnten sogar eher ermutigt werden, eine Straftat in der Hoffnung zu verüben, niemals verurteilt zu werden, indem sie sozusagen die Strafe aussitzen bis zur Verjährung.

Fragwürdig ist aber, ob ein Täter im Vornherein auf eine Nichtentdeckung vertrauen kann und diese daher überhaupt eine Rolle bei seinem Entschluss zur Tatbegehung spielt.

Trotzdem scheint eine Legitimation der Verjährung nur anhand generalpräventiver Gesichtspunkte nicht möglich zu sein, da sie jedenfalls nicht auf eine erhöhte Abschreckung der Gesellschaft abzielt.

Es könnte aber eine Legitimation unter spezialpräventiven Gesichtspunkten erfolgen. Die Aufgabe der Strafverfolgung könnte

---

[24] S. 27, Lorenz, Max, Die Verjährung im Strafrechte
[25] Vgl. auch zum Folgenden: S. 188, Bloy, Rene, Die dogmatische Bedeutung der Strafaufhebungs- und Strafausschließungsgründe
[26] S. 131, Jacobsen-Raetsch, Merle, Wiederaufnahme und Verjährung

gerechtfertigt sein, indem sich der Täter sozusagen nach einer gewissen Zeit bewährt und sich durch eine eigene Reflexion der Tat selbst umerzogen hat und keine weiteren Straftaten mehr begehen wird[27]. Eine Bestrafung aus erzieherischen oder Sicherungsgründen ist dann nicht mehr notwendig. Die Abstufung nach der Schwere der Tat könnte sich dann dadurch erklären lassen, dass der Täter sich dann länger bewähren müsste, je schwerer die Tat war.

Die Verjährung der bestimmten Straftat tritt aber unabhängig davon ein, ob der Täter danach straffrei geblieben ist. Ein weiteres Indiz, dass sich die Verjährung nicht durch eine Straffreiheit wegen Gesinnungswandel kennzeichnet, kann darin gesehen werden, dass die Unterbrechung oder das Ruhen der Verjährung keinerlei Anknüpfungspunkt an die charakterlichen Eigenschaften des Täters vorsieht[28].

Auch kann eine im Einzelfall vielleicht zutreffende gleiche Wirkung von Selbstreflexion und staatlicher Bestrafung nicht ohne weiteres auf die Allgemeinheit übertragen werden. Im Regelfall dürfte wohl eine verhängte Strafe größeren Effekt auf die Erziehung des Täters haben.

Daher kann auch keine spezialpräventive Argumentation zur Begründung der Verjährung herangezogen werden.

c) Stellungnahme

Der Gedanke der Verjährung lässt sich bis in das Römische Recht zurückführen, welcher dann zur Zeit des Mittelalters weiter ausgestaltet wurde, schließlich im deutschen Reichsstrafgesetzbuch letztlich die Verjährung aller Delikte und sowohl der Strafverfolgung als auch des Strafvollzuges kannte[29]. Die Verjährung könnte sich daher als ein sich in langer Zeit entwickeltes Gewohnheitsrecht erklären.

Darüber hinaus überzeugt auch das Argument der Prozessökonomie, denn eine Überlastung des Justizapparates würde letztlich die Aufklärung aller Straftaten gefährden. Eine Generalstrafverzicht bei lange zurückliegenden

---

[27] S. 187, Bloy, Rene, Die dogmatische Bedeutung der Strafaufhebungs- und Strafausschließungsgründe
[28] S. 133, Jacobsen-Raetsch, Merle, Wiederaufnahme und Verjährung
[29] S. 17, Lorenz, Max, Die Verjährung im Strafrechte

Taten, die auch nach der Bearbeitungzeit nicht aufgeklärt werden konnten, zugunsten der Aufklärung neuerer Straftaten ist sinnvoll.

Das Argument der Fehlurteilsgefahr kann dagegen zwar die Verjährung der Strafverfolgung erklären, versagt jedoch bei der Verjährung des Strafvollzuges, da bei einem bereits gefällten Urteil keine Fehlbeurteilung im Nachhinein erfolgen kann[30].

Die Straftheorien dienen ihrer Natur nach zur Legitimation der Strafe und eignen sich nur schwer zur Legitimation einer generellen Straffreiheit. Auch wenn eine rein ökonomische Begründung nicht gleich zufriedenstellend ist, ist sie deswegen nicht weniger gewichtig.

4. Die Strafverfolgungsverjährung

Im Folgenden möchte ich eine Übersicht über die Arten der Verjährung geben und deren Systematik erläutern. Der Schwerpunkt liegt dabei auf der Verfolgungsverjährung, da sie auch im Rahmen der Verjährungsdebatte eine übergeordnete Rolle spielt.

a) Wirkung der Verfolgungsverjährung

Der Eintritt der Verfolgungsverjährung schließt gemäß § 78 I StGB jede Ahndung der Straftat durch Verhängung von Strafen, Nebenstrafen, Nebenfolgen (§ 11 I Nr. 8 StGB) und auch Maßnahmen aus[31]. Ausnahmen sind in § 76a II Nr. 1 StGB geregelt. Wird die Verjährung erst während des Verfahrens festgestellt, wird das Verfahren eingestellt[32].

Dennoch dürfen verjährte Taten im Rahmen der Strafbemessung bei späteren Taten durch Einbeziehung des Vorlebens des Täters gemäß § 46 II 2 StGB berücksichtigt werden[33].

b) Dauer der Verfolgungsverjährung

Die Verjährungsfrist bestimmt sich jeweils nach der begangenen Tat. Straftaten, die mit lebenslanger Freiheitsstrafe bedroht sind, verjähren nach 30 Jahren. Straftaten, die mit mehr als zehn Jahren bedroht sind, nach

---

[30] S. 133, Jacobsen-Raetsch, Merle, Wiederaufnahme und Verjährung
[31] § 78, Rn. 2, Fischer, Kommentar StGB
[32] § 78, Rn. 6, Mitsch in MüKo, StGB §§ 52-79b, „In der Hauptverhandlung durch Prozessurteil § 260 III StPO, in anderen Abschnitten des Verfahrens durch staatsanwaltschaftliche Verfügung § 170 II StPO oder gerichtlichen Beschluss, §§ 204, 206a StPO."
[33] S. 112, Jacobsen-Raetsch, Merle, Wiederaufnahme und Verjährung

11

20 Jahren. Bei Straftaten, die eine Freiheitsstrafe von fünf bis zehn Jahren androhen, gilt eine Frist von zehn Jahren, bei Freiheitsstrafe von fünf bis zehn Jahren gilt eine Verjährungsfrist von fünf Jahren. Bei allen anderen Straftaten beträgt die Frist drei Jahre[34].

Bei der Berechnung kommt es auf die angedrohte Strafe der jeweils einzelnen Straftat an, auch bei Idealkonkurrenz zweier oder mehrerer Straftaten bestimmt sich die Frist nach den jeweiligen einzelnen Taten[35]. Auch wirken sich strafmildernde oder –schärfende Gründe nicht auf die Frist aus. Der Teilnehmer und der Täter unterliegen somit der gleichen Verjährungsfrist[36].

c) Beginn der Verfolgungsverjährung

Die Verfolgungsverjährung beginnt nach § 78a I StGB, sobald die Tat beendet ist. Der relevante Beendigungszeitpunkt bemisst sich nach den Regeln des materiell-rechtlichen Straftatbestandes, also je nach Art des Deliktes unterschiedlich. So beginnt die Verjährung bei Erfolgsdelikten, Fahrlässigkeitsdelikten und unechten Unterlassungsdelikten dann, wenn der tatbestandsmäßige Erfolg eintritt [37], bei den echten Unterlassungsdelikten, wenn die Pflicht zum Handeln entfällt [38]. Bei Dauerdelikten erst nach deren Abschluss, bei der Mittäterschaft ist die letzte Handlung eines Mittäters maßgebend. Bei Anstiftung und Beihilfe beginnt die Verjährung gemäß dem Akzessorietätsprinzip erst, wenn die Verjährung der Haupttat beginnt. Bei Versuch beginnt die Verjährung mit dem Abschluss der Handlung, die der Vollendung der Tat dienen sollte[39].

d) Ende der Verfolgungsverjährung

Die Verfolgungsverjährung endet nach den gesetzlichen Verjährungsfristen, siehe oben. Sie endet am Vortag des Kalendertages, an dem die Frist zu laufen begann. Ob dieser Tag auf einen Sonn- oder Feiertag fällt, hat keine Auswirkungen auf die Frist[40]. Bei Zweifeln über

---

[34] § 78 III StGB
[35] § 78, Rn. 8, Stree/Sternberg-Lieben in Schönke/Schröder
[36] S. 112, Jacobsen-Raetsch, Merle, Wiederaufnahme und Verjährung
[37] § 78a, Rn. 3, Fischer, StGB
[38] § 78a, Rn. 6, Stree/Sternberg-Lieben, Schönke/Schröder, StGB
[39] Vgl. § 78a, Rn. 4, Fischer, StGB
[40] § 78a, Rn. 6, Fischer, StGB

den Zeitpunkt des Fristbeginns ist der für den Angeklagten günstigste Zeitpunkt anzunehmen[41]. In der Literatur und in der Rechtsprechung wird außerdem vertreten, dass die Verfolgungsverjährung auch mit Rechtskraft des Strafausspruchs oder Freispruchs ende[42], auch wenn §§ 78 ff. StGB nur eine Beendigung durch Fristablauf vorsehen. Fristablauf und Urteil werden parallel gewertet, beide führen zum gleichen Ergebnis, nämlich zu einer Einstellung der Verfolgungstätigkeit der Behörden[43].

e) Mögliche Verlängerung der Verfolgungsverjährung

Wie bereits angedeutet, gibt es bestimmte Fälle, in denen die Verjährungsfrist verlängert werden kann. Die Verjährung kann nämlich unterbrochen werden oder sie kann ruhen. Die Verfolgungsverjährung tritt aber spätestens nach der absoluten Verfolgungsverjährungsfrist gemäß § 78c III StGB ein, d.h. spätestens nach der doppelten Dauer der gesetzlichen Verjährungsfrist, frühestens aber erst nach drei Jahren[44]. So tritt beispielsweise die absolute Verjährung bei Diebstahl, der eine gesetzliche Verjährungsfrist von fünf Jahren vorsieht, nach zehn Jahren ein. Allerdings wird das Ruhen der Verjährung gemäß § 78b StGB nicht in die absolute Verjährungsfrist mit einberechnet.

Wenn die Voraussetzungen für ein Ruhen der Verjährung gegeben sind, wird der Fristablauf gehemmt. Wenn die Voraussetzungen wieder entfallen, läuft die Frist dort weiter, wo der Stillstand durch das Ruhen eingetreten war, also nicht wieder von vorne[45]. Bei mehreren Tätern kommt das Ruhen nur bei demjenigen Täter in Betracht, bei dem die Voraussetzungen des Ruhens erfüllt sind, das Ruhen ist somit höchstpersönlich.

Zweck des Ruhens der Verjährung ist es, solche Situationen zu bewältigen, in denen die Strafverfolgung aus rechtlichen Gründen nicht erfolgen kann, rein sachliche Gründe genügen nicht[46]. Anders dagegen ist

---

[41] § 78a, Rn. 14, Strec/Sternberg-Lieben, Schönke/Schröder, StGB
[42] Vor § 78, Rn. 2, Fischer, StGB
[43] S. 114, Jacobsen-Raetsch, Merle, Wiederaufnahme und Verjährung
[44] § 78c, Rn. 2a, Fischer, StGB
[45] § 78b, Mitsch in MünchKomm, StGB §§ 52-79b
[46] § 78b, Rn. 4, Rosenan in Satzger/Schmitt/Widmaier, StGB Kommentar

aber die Regelung über das Ruhen der Verfolgungsverjährung gemäß §
78b I Nr. 1 StGB. Demnach ruht die Verjährung bei Sexualstraftaten
gegenüber Minderjährigen[47], bis diese das 18. Lebensjahr vollendet
haben[48]. Durch die Regelung wird dem Umstand Rechnung getragen, dass
Jugendliche und Kinder oftmals durch familiäre Verbundenheit, Druck
oder Abhängigkeit vom Täter oder aus Scham nicht sofort Strafanzeige
stellen können[49]. Erst mit Vollendung des 18. Lebensjahres wird das Opfer
für so verantwortungsvoll gehalten, dass es über die Erstattung einer
Strafanzeige selber frei entscheiden kann, und die Verjährungsfrist ruht
nicht mehr. Ebenso endet das Ruhen durch einen Anfangsverdacht der
Strafverfolgungsbehörden, da dann der Zweck der Vorschrift, der
Opferschutz, weggefallen ist[50].

Die Regelung des § 78b I Nr. 2 StGB lässt die Verjährung ruhen, wenn
eine Verfolgung rechtlich nicht möglich ist. Ursprünglich war der einzige
in Frage kommende rechtliche Grund für ein Ruhen der Verjährung die
Immunität der parlamentarischen Abgeordneten. Die Straftaten, die ein
Abgeordneter während seiner Amtszeit begangen hatte, konnten aufgrund
ihrer Immunität während dieser Zeit nicht verfolgt werden und somit
verjähren, bevor der Abgeordnete sein Mandat niedergelegt hat[51].

Heute sind die Vorschriften des § 78b II Nr. 1, 2 StGB für diesen Fall
einschlägig. Demnach wird das Ruhen aber unterbrochen, wenn die
Behörden Kenntnis von der Straftat und dem Täter erhalten oder ein
Strafantrag eingeht. Ziel ist es, Nachteile für den Abgeordneten
auszugleichen, da er ansonsten wegen Taten verfolgt werden könnte, die
bei einem normalen Bürger schon lange verjährt wären[52].

Fälle, in denen die Verjährung gemäß § 78b I Nr. 2 StGB ruht, sind aber
heute beispielsweise die in §§ 18 bis 20 GVG benannten Personen, die von
der deutschen Gerichtsbarkeit befreit sind und nicht verfolgt werden
können (z.B. Diplomaten, Konsulen, Staatsgäste). Ändert sich jedoch der
Status, fällt das Verfolgungshindernis weg und die Täter können verfolgt

---

[47] §§ 174 bis 174c und 176 bis 179 StGB
[48] § 78b, Rn. 2, Rosenau in Satzger/Schmitt/Widmaier, StGB Kommentar
[49] S. 13, Bundestag Drucksache, 15/350
[50] § 78b, Rn. 7, Mitsch in MünchKomm, StGB §§ 52-79b
[51] S. 117, Jacobsen-Raetsch, Merle, Wiederaufnahme und Verjährung
[52] § 78b, Rn. 9, Rosenau in Satzger/Schmitt/Widmaier, StGB Kommentar

werden. Das Ruhen der Verjährung endet dann. Dasselbe gilt auch für den Abgeordneten, der sein Mandat niederlegt.

Andere Situationen, die ein Ruhen begründen, können u.A. sein: Die Hinderung der Verfolgung von NATO-Streitkräften aufgrund des NATO-Truppenstatuts; die Hinderung von Strafverfolgungsmaßnahmen gegenüber einem von einem fremden Staat Ausgelieferten bezüglich eines bestimmten Delikts, wegen welchem die Auslieferung aber nicht gebilligt wurde; die Aussetzung des Strafverfahrens aufgrund eines konkreten Normenkontrollantrages nach Art. 100 GG[53].

Auch können kriegerische Auseinandersetzungen zu einem Ruhen führen, da in dieser Zeit die Rechtspflege nicht durchgeführt werden kann. So wurde für die Zeit des Dritten Reiches ein Ruhen der Verjährung angenommen, worauf später genauer eingegangen wird.

Die Unterbrechung der Verjährung gemäß § 78c StGB bewirkt, dass die gesetzliche Verjährungsfrist wieder von Neuen beginnt. Der Tag, an dem die Unterbrechung eintritt, ist dann bereits der erste Tag der erneut laufenden Verjährungsfrist [54]. Die Verjährung kann beliebig oft unterbrochen werden, jedoch gilt die absolute Verjährungsfrist. Handlungen, die eine Unterbrechung bewirken, sind in den § 78c I Nr. 1-12 StGB abschließend aufgeführt.

5. Die Strafvollstreckungsverjährung

Die Strafvollstreckungsverjährung ist in den §§ 79 ff. StGB geregelt und verhindert den Vollzug einer Strafe oder Maßnahme. Sie beginnt mit Rechtskraft der Entscheidung und bemisst sich nach der Höhe der erkannten Strafen [55]. § 79b StGB sieht ebenfalls die Möglichkeit des Ruhens unter bestimmten Voraussetzungen vor, in § 79c StGB ist geregelt, dass die Verjährung um die Hälfte der Frist verlängert werden kann, wenn sich der Verurteilte in einem Gebiet aufhält, in dem seine Auslieferung nicht möglich ist.

---

[53] Zu den Beispielen § 78b, Rn. 10 ff., Mitsch in MünchKomm, StGB §§ 52-79b
[54] § 78c, Rn. 2, Fischer, StGB
[55] § 79, Rn. 3 f., Fischer, StGB

C.   Die Verjährungsdebatten von 1960 – 1979

In den Nachkriegsjahren stand Deutschland nicht nur vor der Aufgabe, die grausamen Verbrechen der Nationalsozialisten psychisch aufzuarbeiten, es stand zudem vor der Herausforderung, eine geeignete Lösung zu finden, wie man diese Taten rechtlich zu bewältigen und zu bestrafen hatte. Angesichts der Entrüstung über die Greueltaten während des Dritten Reiches und dem daraus resultierenden Willen, die Verantwortlichen zur Rechenschaft zu ziehen einerseits und dem Willen, den geltenden Gesetzen zu folgen andererseits entstand ein Spannungsverhältnis [56] zwischen dem Bestreben nach Bestrafung und den geltenden juristischen Vorschriften, welche einer Bestrafung in manchen Fällen im Wege standen.

Im Folgenden möchte ich zuerst auf die Lage unmittelbar nach Kriegsende 1945 eingehen und dann auf die verschiedenen Diskussionen im Bundestag ab 1960 eingehen, welche als Verjährungsdebatte bezeichnet werden.

1.   Die Ausgangssituation nach Kriegsende

In den Konferenzen von Quebec 1944 und Jalta 1945 wurde von den Alliierten beschlossen, Deutschland nach Kriegsende in drei, später in vier Besatzungszonen zu teilen. Man erkannte das Problem der Verfolgungsverjährung, die eine Bestrafung verhindern könnten, und handelte. Der Alliierte Kontrollrat erließ das Kontrollgesetz Nr. 10[57], welches die Verjährung zwischen dem 30.01.1933 und dem 01.07.1945 für Menschenrechtsverbrechen und Kriegsverbrechen hemmte. Auch wurden in den westlichen Besatzungszonen Ahndungsgesetze erlassen, die ein Ruhen der Verjährung von Straftaten während des NS-Regimes annahmen. Auch Rechtsprechung und Literatur nahmen ein Ruhen der Verjährung uneingeschränkt an[58].

Um die Diskussion verständlicher zu machen, muss auch der gesellschaftliche Kontext verdeutlicht werden. Viele Deutsche wollten mit

---

[56] S. 57, Sambale, Anica, Die Verjährungsdiskussion im Deutschen Bundestag
[57] Art. III Nr. 5,
http://www.1000dokumente.de/index.html?l=de&c=dokument_de&dokument=0229_kri
&object=facsimile&pimage=07&v=100&nav=; eingesehen am 15.4.2014 um 17:00 Uhr
[58] S. 148, Jacobsen-Raetsch, Merle, Wiederaufnahme und Verjährung

16

der Vergangenheit abschließen[59] und waren vielmehr fokussiert auf einen Neuaufbau des zerstörten Deutschlands, als auf eine Bestrafung der Täter[60].

Mit Politik wollte man nichts zu tun haben und die Prozesse gegen ehemalige Nazigrößen vor den Internationalen Gerichtshof in Nürnberg hoben die Problematik eher auf ein politisches Niveau. Außerdem fühlte man sich durch die Behandlung dieser Prozesse durch die Besatzungsmächte entmündigt und auch nicht mehr selbst verantwortlich für eine Bestrafung der Täter.

Es wurde sogar von Teilen eine Generalamnestie gefordert[61].

Ab 1956 ist jedoch ein Umschwung erfolgt. Die Frage des Umgangs mit den Verbrechen rückte einerseits durch die Rückkehr der Kriegsgefangenen aus Russland 1955 wieder in den Fokus, da sich darunter auch einige aufgrund von KZ-Verbrechen Gesuchte befanden. Andererseits durch die hohe Publizität des sog. „Ulmer-Einsatzkommando-Prozesses". Ein ehemaliger SS-Oberführer hatte unter falschen Namen nach dem Krieg ein Flüchtlingslager geleitet, wurde jedoch nach seiner Enttarnung entlassen. Er klagte auf Wiedereinstellung in den Staatsdienst. Ein Zeitungsleser erinnerte sich, dass er maßgeblich an Massenerschießungen beteiligt gewesen war und er wurde 1956 verhaftet[62].

Viele Deutsche erkannten nun, dass zahlreiche Verbrechen noch nicht systematisch erfasst und aufgeklärt worden waren und man intensivierte die Bemühungen nun.

Um ein effizienteres Aufarbeiten der Verbrechen zu ermöglichen und die Staatsanwaltschaften zu entlasten, wurde 1958 die Zentrale Stelle Ludwigsburg gegründet, die sich ausschließlich mit nationalsozialistischen

---

[59] S. 5, Baumann, Jürgen, Der Aufstand des schlechten Gewissens
[60] S. 111 f. , Rückerl, Adalbert, NS-Verbrechen vor Gericht-Der Versuch einer Vergangenheitsbewältigung
[61] S. 37, Weinke, Annette, Eine Gesellschaft ermittelt gegen sich selbst
[62] S. 140, Rückerl, Adalbert, NS-Verbrechen vor Gericht-Der Versuch einer Vergangenheitsbewältigung

Verbrechen auseinandersetzte[63] und nun eine entscheidende Rolle bei der Aufarbeitung der Kriegsverbrechen übernahm und auch erfolgreich war[64].

2. Das Berechnungsgesetz von 1960

Dennoch rückte die Verjährung von Totschlagsverbrechen, die 15 Jahre betrug, näher. Am 23. März 1960 brachte die Bundestagsfraktion deshalb einen Gesetzesentwurf ein, der den Beginn der Verjährung bei Verbrechen, die mit mehr als 10 Jahren Freiheitsstrafe bedroht waren, auf den 16.09.1949 verschieben sollte, da davor eine normale, ungehinderte Strafverfolgung nicht möglich gewesen sei. Der Antrag wurde jedoch abgelehnt. Einerseits befürchtete man einen Verstoß gegen das Rückwirkungsverbot aus Art. 103 II GG. Andererseits herrschte im Allgemeinen die trügerische Auffassung, die wichtigsten Tatkomplexe wären bereits erfasst worden[65]. Vor dem Hintergrund, dass am selben Tag in der Presse bekannt worden war, dass der ehemalige SS-Obersturmbannführer Adolf Eichmann durch den israelischen Geheimdienst aus Argentinien entführt und für eine Verurteilung nach Israel gebracht worden war, erscheint dies fragwürdig[66].

Dennoch verjährten die Totschlagsdelikte am 01.05.1960.

Es war jedoch bereits absehbar, dass sich die Diskussion 1965 erneut stellen würde, da dann auch die Mordverbrechen zu verjähren drohten.

3. Die Verjährungsdebatte 1965

In Anbetracht der drohenden Verjährung erließ die Bundesregierung im November 1964 einen Aufruf an alle Länder, alle noch vorhandenen unbekannten Beweismaterialien der Zentralen Stelle Ludwigsburg zur Verfügung zu stellen. Dadurch wurde nun auch das Ausland wieder verstärkt aufmerksam gemacht[67]. In der Folge trafen neue Beweismaterialien ein, sodass absehbar wurde, dass eine rechtzeitige

---

[63] S. 36, Weinke, Annette, Eine Gesellschaft ermittelt gegen sich selbst
[64] S. 147, Rückerl, Adalbert, NS-Verbrechen vor Gericht-Der Versuch einer Vergangenheitsbewältigung
[65]Bundesjustizminister Schäffer sagte in der Debatte: „Alle Verbrechen seien bereits systematisch erfasst und weitgehend aufgeklärt.", S. 38, Weinke, Annette, Eine Gesellschaft ermittelt gegen sich selbst
[66] S. 156, Rückerl, Adalbert, NS-Verbrechen vor Gericht-Der Versuch einer Vergangenheitsbewältigung
[67] S. 64, Sambale, Anica, Die Verjährungsdiskussion im Deutschen Bundestag

Erfassung vor dem Ablauf der Verjährungsfrist nicht möglich sein würde. Im Januar 1965 legten Abgeordnete der CDU einen Antrag vor, die Verjährung auf 30 Jahre zu verlängern, welcher dann noch dahingehend verändert wurde, dass Mord gar nicht verjähren sollte[68]. Die SPD Fraktion brachte zwei Gesetzesentwürfe ein: Der erste Entwurf sah keine Verjährung bei Mord und Völkermord vor, der zweite Entwurf eine ergänzende Änderung des Grundgesetzes. Über die Anträge wurde am 23.03.1965 in erster Lesung im Bundestag beraten. Die Debatte[69], die später als Verjährungsdebatte bezeichnet wird, zog sich vom Morgen bis in die späten Abendstunden. Befürworter einer Verlängerung vertraten die Ansicht, eine Verlängerung sei zum Zwecke der Aufdeckung der Straftaten notwendig. Die Gegner argumentierten erneut mit dem Rückwirkungsverbot, wohingegen die Befürworter die Entscheidung des BVerfG über das Hessische Ahndungsgesetz entgegenhielten, die eine Verlängerung der Frist nicht als Verfassungsverstoß werteten[70]. Der Grundsatz *nulla poena sine lege* beziehe sich nicht auf die Verjährungsfrist, sondern die Strafbarkeit überhaupt[71]. Wiederum wurde aber von den Gegnern die Ansicht vertreten, alle relevanten Tatkomplexe seien bereits aufgedeckt worden oder in vielen Fällen wäre die Verjährung bereits durch richterliche Handlungen unterbrochen worden. Letztlich wurde ein Kompromiss gefunden und das *Gesetz zur Berechnung strafrechtlicher Verjährungsfristen* erlassen, welches den Zeitraum von 08.05.1945 bis zum 31.12.1949 bei der Fristberechnung für Morde ausschloss. Allerdings sollten bereits verjährte Morde nicht berücksichtigt werden.

4.   Die Verjährungsfristverlängerung von 1969

Wie zu erwarten war, stellte sich die Frage 1969 erneut und wiederum entfachte eine Debatte für und wider einer Verlängerung der Verjährungsfristen für Mord. Wenn auch wieder zum Teil eine generelle Fristaufhebung von Morddelikten gefordert wurde, konnte man sich nur

---

[68] BT-Drucksache IV/2965 (neu)
[69] http://dip21.bundestag.de/dip21/btp/04/04170.pdf, eingesehen am 16.4.2014, 15 Uhr
[70] BVerfGE 25, 269
[71] S. 69, Sambale, Anica, Die Verjährungsdiskussion im Deutschen Bundestag

auf eine Verlängerung der Verjährungsfristen für Delikte, die mit lebenslanger Freiheitsstrafe bedroht sind, von 20 auf 30 Jahre einigen. Im Gegensatz zu der Debatte von 1965 wurde also tatsächlich die Frist verlängert und nicht etwa ein Ruhen angenommen. Am 26.06.1969 wurde das neunte Strafänderungsgesetz beschlossen.

5. Die Aufhebung der Verjährung bei Mord und Völkermord 1979

Im Jahre 1979 stand man nun zum vierten Male vor der inzwischen vertrauten Frage, wie eine Verjährung der NS-Verbrechen verhindert werden sollte. Wieder standen sich Befürworter und Gegner gegenüber. Nun strebte man eine endgültige Lösung an und beschloss die Unverjährbarkeit von Morddelikten[72], die bereits in den Debatten von 1965 und 1969 vorgeschlagen worden waren.

6. Die Frage der Verfassungsmäßigkeit der Verlängerungen

Wie bereits erwähnt, existierte ein Spannungsverhältnis zischen dem Bedürfnis, die Nazi-Verbrechen zu bestrafen und dem Willen, nach Recht und Gesetz zu handeln. In jeder der Debatten existierten auch immer Bedenken darüber, ob eine Verlängerung der Verjährungsfristen verfassungsgemäß sei. Während man zu Anfang noch versucht hatte, dem Problem durch Annahme eines Ruhens auszuweichen, wurde die Frist für Mord 1969 bewusst verlängert und 1979 schließlich aufgehoben. Insbesondere kommen ein Verstoß gegen das Rückwirkungsverbot in und des Gleichheitsgrundsatzes in Betracht.

a) *Verstoß gegen das Rückwirkungsverbot*

Das Rückwirkungsverbot ist in Art. 103 III GG verankert und in § 2 StGB konkretisiert worden. Eine Tat kann nur bestraft werden, wenn sie gesetzlich normiert war, bevor die Tat begangen wurde. Der Schutzbereich des Art. 103 III GG erfasst dabei die rückwirkende Strafbegründung und die Strafschärfung[73]. Entscheidend dabei ist die Frage nach der

---

[72] S. 151, Jacobsen-Raetsch, Merle, Wiederaufnahme und Verjährung
[73] BVerfGE 25, 269

Rechtsnatur der Verjährung. Die dogmatische Einordnung ist nämlich umstritten. Teils wird die Verjährung dem materiellen Recht, teils dem Verfahrensrecht zugerechnet. Es wird darüber hinaus angenommen, die Verjährung wäre eher eine Art Mischform von beidem.

Die Regelungen über die Verjährung enthalten sowohl materiell-rechtliche Aspekte, als auch solche, die eher dem Verfahrensrecht zugeordnet werden können. So lässt die Unterteilung der Fristen je nach Schwere der Tat auf einen materiell-rechtlichen Charakter schließen. So entfiele nach einer bestimmten Zeit die Strafbedürftigkeit des Täters, da die Gesellschaft mit der Tat abgeschlossen habe und der Täter sich bewährt hätte. Andererseits geben die Vorschriften über die Unterbrechung und dem Ruhen der Verjährung Anhaltspunkte, die Verjährung als verfahrensrechtliche Institution zu sehen, so etwa die Ablaufhemmung, die ein Ruhen der Verjährung nach dem erstinstanzlichen Urteil bewirkt (§§ 78b III StGB)[74].

Für eine materiell-rechtliche Rechtsnatur der Verjährung spricht wiederum, dass die Vorschriften über dieselbe im materiellen Strafgesetz geregelt sind und eben nicht in der Prozessordnung. Nimmt man also an, die Verjährung wäre ein materiell-rechtliches Institut, würde sie in den Schutzbereich des Art. 103 II GG fallen. Eine Verlängerung wäre nicht verfassungsgemäß.

Würde man jedoch annehmen, die Verjährung sei prozess-rechtlicher Natur, stünde sie mit der Tat nur in indirekten Zusammenhang und wäre daher nicht vom Schutzbereich erfasst[75]. In der Literatur werden beide Ansichten vertreten. In der Rechtsprechung[76] kam man aber immer mehr zu der Auffassung, die Verjährung sei eine rein prozessuale Institution. Demnach bewirkt sie keine Strafschärfung oder –begründung. Eine Verlängerung ist deshalb verfassungsgemäß. Diese Entscheidungen des BVerfG bildeten die Grundlage, die in den Diskussionen im Bundestag letztlich zu einer Verlängerung geführt hat.

---

[74] S. 50, Sambale, Anica, Die Verjährungsdiskussion im Deutschen Bundestag
[75] S. 144, Jacobsen-Raetsch, Merle, Wiederaufnahme und Verjährung
[76] Die Verjährung ist nur ein Prozesshindernis und die Strafbarkeit der Tat bleibt unberührt; S. 137, Jacobsen-Raetsch, Merle, Wiederaufnahme und Verjährung

Die Vertreter einer Doppelnatur sehen in der Verjährung ein Institut, dass sich mit materiell-rechtlichen Argumenten rechtfertigen lässt, aber verfahrensrechtlich ausgestaltet worden ist[77]. So rechtfertigt sie die verschiedenen Fristen wegen der materiell-rechtlichen Wurzeln und das Ruhen und Unterbrechen aus verfahrensrechtlichen Argumenten. Nachteil ist, dass die Vertreter eine neue Kategorie, eine Zwischenform von materiellem Recht und prozessualem Recht schaffen[78]. In der Vergangenheit wurde der Auffassung der Rechtsprechung gefolgt. Heute sind die Vertreter der materiell-rechtlichen Theorie deutlich in der Minderheit[79].

b) *Verstoß gegen das Rechtstaatsprinzip*

Es könnte jedoch ein Verstoß gegen das Rechtstaatsprinzip aus Art. 20 III GG vorliegen. Die Verlängerung der Verjährung könnte gegen das Gebot Rechtssicherheit verstoßen[80]. Der Bürger soll sich darauf verlassen dürfen, dass der Gesetzgeber an begangene Taten keine ungünstigeren Folgen als zur Tatzeit knüpfen kann („echte Rückwirkung"). Auch kann von der Rechtssicherheit das Vertrauen des Bürgers darauf erstrecken, dass auf nicht abgeschlossene Sachverhalte andere Rechtsvorschriften angewendet werden, als zu Beginn galten[81] („unechte Rückwirkung"). Der Schutz des Vertrauens umfasst aber wohl nur die strafbegründenden Aspekte und nicht die Modalitäten der Verfolgung. Bei einer Unterbrechung beispielsweise, von der der Täter nichts weiß, kann er auch nicht mehr auf den Zeitpunkt der Verjährung vertrauen. Es kann also kein Grundrecht des Bürgers auf Einstellung der Verfolgung bestehen[82].

c) *Verstoß gegen den Gleichheitsgrundsatz*

Die Verlängerung könnte aber gegen den Gleichheitsgrundsatz gemäß Art. 3 I GG verstoßen. Wesentlich gleiches darf nicht ungleich und wesentlich

---

[77] S. 138, Jacobsen-Raetsch, Merle, Wiederaufnahme und Verjährung
[78] S. 139, Jacobsen-Raetsch, Merle, Wiederaufnahme und Verjährung
[79] § 78, Rn. 1, Mitsch in MüKo StGB §§ 52-79b
[80] S. 145, Jacobsen-Raetsch, Merle, Wiederaufnahme und Verjährung
[81] Zu den Definitionen und der Argumentation: S. 165, Sambale, Anica, Die Verjährungsdiskussion im Deutschen Bundestag
[82] S. 167, Sambale, Anica, Die Verjährungsdiskussion im Deutschen Bundestag

ungleiches nicht gleich behandelt werden. In Betracht kämen als Vergleichsgruppen die Täter, die vor dem 1.1.1950 ihre Taten begangen haben und die Täter, die danach eine Tat begangen haben. Erstere werden nun ungünstiger behandelt. Im Prozess der Gesetzgebung werden aber immer Änderungen in der Behandlung von Sachverhalten vorgenommen, andernfalls könnte keine Änderung der Rechtslage beschlossen werden[83]. Somit kann eine Verletzung nur dann vorliegen, wenn der Gesetzgeber die Grenzen seines Ermessens etwa durch Willkür überschritten hätte. Das ist hier aber nicht der Fall. Die Verlängerung beruhte auf der Erkenntnis, dass eine normale Rechtspflege aufgrund der unruhigen Nachkriegsjahre nicht möglich war. Es verstößt daher auch nicht gegen den Gleichheitsgrundsatz.

D.   Zusammenfassung und Schluss

Das Institut der Verjährung ist zwar ein allgemein anerkanntes, jedoch wissenschaftlich nicht unbestrittenes Institut. Schwierig gestaltet sich vor allem die Frage nach der Rechtsnatur der Verjährung, lässt sie sich doch sowohl durch materiell-rechtliche als auch prozessuale Argumente rechtfertigen. Folgt man jeweils der einen oder anderen Ansicht, folgen daraus unter Umständen große Probleme bei der Behandlung von Gesetzesänderungen der Verjährung, so, wie in den 1960er Jahren durch die Verjährungsdebatte offenbart wurden. Auch heute kann in Extremfällen ein Spannungsverhältnis zwischen der Verantwortlichkeit der Gesellschaft, eine Tat zu bestrafen und der Pflicht, den Gesetzen Folge zu leisten, entstehen. Die Verjährungsdebatte ist dafür ein historisch gut dokumentiertes Beispiel.

Auch wenn die Verjährung im Prüfungsstoff des Studiums keinen besonders großen Stellenwert einnimmt, so ist sie doch ein sehr interessantes Thema. Die Legitimation der Verjährung regt zu philosophischen Diskussionen über den Sinn der Strafe an, die Diskussionen im Bundestag leiten demjenigen, der sich mit ihr beschäftigt, auch zu einer verstärkten Betrachtungsweise des Rechts vor den verschiedenen historischen und gesellschaftlichen Hintergründen an. Die

---

[83] S. 169, Sambale, Anica, Die Verjährungsdiskussion im Deutschen Bundestag

Verjährung hat sich gewandelt im Laufe der Zeit. Das Recht hat sich gewandelt. Daher ist die Verjährung ein sehr gutes Exempel für die Bedeutung der Zeit im Recht.

Mir persönlich hat die Auseinandersetzung mit der Materie große Freude bereitet und meinen Wissenshorizont über die gewöhnliche Auseinandersetzung mit dem Recht hinaus erweitert.

Ich hoffe, dem Leser die eingangs erwähnten Fragen beantwortet zu haben, soweit es im Rahmen der Arbeit möglich war und bedanke mich für seine Aufmerksamkeit.

-Literaturverzeichnis-

- Baumann, Jürgen: Der Aufstand des schlechten Gewissens, Ein Diskussionsbeitrag zur Verjährung der NS-Verbrechen, Verlag Ernst und Werner Gieseking, Bielefeld 1965

- Bloy, Rene: Die dogmatische Bedeutung der Strafaufhebungs- und Strafausschließungsgründe, Duncker und Himblot, Berlin 1976

- Fischer, Thomas: Kommentar StGB, Beck'sche Kurzkommentare, 61. Auflage, C.H. Beck, München 2014

- Jacobsen-Raetsch, Merle: Wiederaufnahme und Verjährung (§78 ff StGB), Christian-Albrechts-Universität Kiel 2011

- Lackner, Karl/Kühl, Kristian: StGB Kommentar, 27. Auflage, C.H. Beck, München 2011

- Lorenz, Max: Die Verjährung im Strafrechte, Heinr.Mercy Sohn, Prag 1934

- Herausgeber: Joecks, Wolfgang/Miebach, Klaus: Münchener Kommentar StGB §§ 52-79b, C.H. Beck, München 2005

- Rückerl, Adalbert: NS-Verbrechen vor Gericht - Der Versuch einer Vergangenheitsbewältigung, C.F. Müller, Heidelberg 1982

- Sambale, Anica: Die Verjährungsdiskussion im Deutschen Bundestag, Kovac Verlag, Hamburg 2002

- Satzger, Helmut/Schmitt, Bertram/Widmaier, Gunter: StGB Kommentar, 1. Auflage, Carl Heymanns Verlag, Köln 2009

- Schönke, Adolf/Schröder, Horst: StGB Kommentar, 26. Auflage, C.H. Beck, München 2001

- Weinke, Annette: Eine Gesellschaft ermittelt gegen sich selbst, Die Geschichte der Zentralen Stelle Ludwigsburg 1958-2008, 2. Auflage, WBG, Darmstadt 2009